अयोध्या तथा अन्य कविताएँ

वाणी प्रकाशन
21-ए, दरियागंज, नयी दिल्ली-110002
फोन : 011-23273167, 23275710, 41562622
फैक्स : 011-23275710
e-mail : vani_prakashan@yahoo.com
vaniprakashan@gmail.com
website : www.vani-prakashan.com

दादी अम्मा के लिए
जिनकी याद
मेरे लिए दुनिया की
सबसे अच्छी कविता है।

नए संस्करण के बारे में

'अयोध्या तथा अन्य कविताएँ' मेरी कविताओं की दूसरी पुस्तक है, जो *'यदा-कदा'* (1997) के दो वर्ष बाद प्रकाशित हुई थी। लगभग सात वर्ष बाद, इसका नया संस्करण वाणी प्रकाशन द्वारा प्रकाशित हो रहा है, इस बात पर मेरी प्रसन्नता स्वाभाविक है। दरअसल यह कविता संग्रह पहली बार किताबघर प्रकाशन द्वारा प्रकाशित हुआ था, जिसके लिए मैं श्री सत्यव्रत शर्मा की सदाशयता के प्रति आभारी हूँ।

इस संग्रह में कुल पचास कविताएँ संकलित हैं, जो 1997 से 1999 के बीच लिखी गईं थीं। चयन में उस समय कुछ सतर्कता और सख्ती बरती थी, जिस कारण अधिकांश कविताओं को मैंने छोड़ना ही मुनासिब समझा। पहली बार यह जिस कलेवर और मेरे पसन्द के कवियों की सूक्तियों के साथ प्रकाशित हुई थी, आज दूसरे संस्करण के समय भी उसी तरह आपसे मुखातिब है। हाँ इतनी छूट मैंने अवश्य ली है कि नए संस्करण में भाषा के कुछ संशोधन किए हैं।

मुझे लगता है कि पिछले वर्षों में साहित्यिक, सामाजिक, राजनीतिक एवं सांस्कृतिक संदर्भों के प्रति मेरी जो मान्यताएँ रही हैं, उनमें आगे किसी तरह की छेड़छाड़ करना उचित नहीं है। अयोध्या शृंखला से संबंधित कविताएँ हों या नितान्त व्यक्तिगत रूप में अपनी दादी को याद करने की प्रक्रिया–सभी कुछ पूर्व में मैंने जिस विश्वास व प्रेरणा से लिखा था, सौभाग्य से आज भी मेरे लिए वह बदले नहीं हैं।

इसके साथ ही यह स्थिति मेरे लिए आश्वस्तिकर है कि एक युवा कवि, जो अभी अपनी रचनाओं के द्वारा हिन्दी कविता के बड़े भूगोल में वैचारिक रूप से संघर्ष कर रहा है, उसके संग्रह का दूसरा संस्करण प्रकाशित हो रहा है। इस संग्रह के दूसरे संस्करण को जिस उत्साह के साथ श्री अरुण माहेश्वरी छापने के लिए तैयार हुए, उसके चलते, उनके प्रति गहरी कृतज्ञता है।

इस अवसर पर आपके हाथों अपने संग्रह के नए संस्करण को सौंपते हुए पाठकों एवं मित्रों का आभार प्रकट करना चाहूँगा।

–यतीन्द्र मिश्र

14 जून, 2006
राजसदन, अयोध्या

क्रम

आदमी की भाषा

रचना कि विचार

सर्वभूतेषु येनेकं भावमव्ययमीक्षते

—महाभारत

झील पानी पत्ता और आदमी

झील में झील के रचनात्मक ठहराव को
तोड़ता हुआ सहसा
गिरता है एक पत्ता

पानी पर काँपता है पत्ता
पत्ते के नीचे काँप रही झील
झील के ऊपर हवा काँपती हुई
हवा के साथ-साथ पानी

पानी में काँपता आसमान
दिखाई देता है
आसमान में सूर्य काँपता हुआ
काँपती हुई तितलियाँ
आगे बढ़ रहे चिड़ियों के झुंड काँपते हैं

हर चीज एक-दूसरे के साथ
हर चीज एक-दूसरे के लिए काँपती हुई

प्रश्न और प्रतिप्रश्न

तुम कर्ण हो!
तुमने अपनी निजता से
निष्कलुष,
निष्प्रतीत हो
मुझे अपना कवच-कुंडल
दिया।

मैं इंद्र हूँ!
मैंने अपनी क्षुद्रता से
छद्‌म भाव,
छद्‌म बोध में
तुम्हारा सर्वस्व लिया।

एक प्रश्न—
किसने किसको दिया?
किसने किससे लिया?

दूसरा प्रतिप्रश्न—
इस कृत्य पर
समाज ने क्या किया?

आदमी की भाषा

आसान है
नदी से पानी की भाषा में बात करना
पेड़ से पत्तियों की भाषा में
फल से स्वाद की भाषा में बात करना
और खेत से फसल की भाषा में बात करना आसान है

फिर क्यों आसान नहीं?
आदमी से इंसानियत की भाषा में बात करना।

प्रतिध्वनियाँ

खाली कमरों में
खाली कुछ भी नहीं रहता

न स्मृतियाँ
न भविष्य
न चिंताएँ

भरता है उसे हमारा होना

खाली रहती हैं सिर्फ
हमारे होने की प्रतिध्वनियाँ।

कविता का रंग

मुझसे नहीं
ग़ालिब से पूछो
कविता किस रंग की होती है?
ग़ालिब कहते
मेरा दीवान ले जाओ
मोमिन को दे आओ
वो बताएँगे
किस रंग की होती है कविता?
मोमिन, मीर की पैरवी करते हैं
मीर किसी और की…

दृश्य बदलता है
कविता चली आती है सीधे
घर के अंदर

यहाँ भी वही हाल है
माँ पर पिता का रंग चढ़ा है
पिता अपने सारे रंग
दे देता है पुत्र को
शायद बेटे के रूप में ही
लिखी है कविता
पिता ने

मेरा शक बदल जाता है
यकीन में
ग़ालिब से लेकर
आज तक
कविता का एक ही रंग है प्रेम।

जड़ें

जड़ें जमीन के अंदर होती हैं हमेशा
और रोशनी से दूर
जड़ें आदमी को जड़ नहीं बनातीं
बल्कि जमीन से जुड़ना सिखाती हैं

अँधेरे में रहने के बावजूद—
जड़ें सामाजिक होती हैं, बहुत दूर तक
एक-दूसरे में गुत्थमगुत्थ
जड़ों ने कालिमा को गले लगाया है
ताकि अपनी संतति को
खुला आकाश और भरपूर प्रकाश
सुलभ करा सकें
जड़ें भावुक होती हैं
फिर चाहे वे किसी वट-वृक्ष की हों
या कि पुरानी मान्यताओं की
जड़ों ने आकार दिया है वृक्ष को
तने को ताकत
नौनिहाल फूल और पत्तियों को रंग
हर सुबह
बूँद-बूँद सपने बन ओस नहाई कलियाँ
जब सूर्य की ओर निहारती हैं
तो वे जानती हैं कि
उनके पैरों तले ठोस जमीन है
और जड़ें मजबूत।

कितना मुश्किल है

कितना मुश्किल है
कि हम आगे बढ़ते जाएँ
और पीछे कुछ भी न छूट रहा हो

कितना मुश्किल है
कि हम सोकर उठें
और वक्त को ठहरा हुआ पाएँ

कितना मुश्किल है
कि हमारे ठीक सामने हों मुश्किलें
और हमारे अपने, बहुत पास नजर आएँ।

इतिहास गढ़ना

इतिहास में जाकर हम
एक बार बीत रहे समय को
लौटते हुए पकड़ सकते हैं
ऐसा मुझे लगता है

इतिहास से गुजरते हुए
तमाम सारी प्रागैतिहासिक चीजें
पूर्वज बन राह दिखाती हैं
इतिहास बनना
इतिहास को महसूस करना
या कि बन रहे इतिहास का
हिस्सा होना
सभी कुछ आसान नहीं होता

अशोक का शोकाकुल होना
शाहजहाँ का ताजमहल देखते हुए
दम तोड़ना
आसान नहीं होता
इतिहास आसानी से कुछ दर्ज नहीं करता
अशोक को महान बनाने के लिए
पूरा कलिंग अभिशप्त होता है
और मुझे लगता है कि
इतिहास ही नहीं वर्तमान की
नियति भी यही होती है

हर महत्त्वाकांक्षी मन अशोक होता है
अकसर परिणति कलिंग होती है
इसी तरह ताज का जन्म भी
मुमताजमहल की मृत्यु के कारण है
इतिहास कितना ही
गौरवशाली दिखाई पड़े
मुझे इसकी पृष्ठभूमि में
पल रही भयावहता
ज्यादा सच नजर आती है
ये सच्चाई कालिदास को पता है
और तुलसीदास को भी
आप और हम
विद्योत्तमा और रत्नावली के
सच को, चाहकर भी
नजरअंदाज नहीं कर सकते

न जाने कितनी तिथियाँ
अपना शरीर कुंदन करने में
कहाँ-कहाँ, किस-किस
भट्ठी से गुजरती हैं
ये हम जान ही न पाते
अगर हमारा इतिहास न होता सामने
और मुझे लगता है कि
हम गलतियाँ करते हैं
जिसे बिना किसी संकोच के
दर्ज कर लेता है इतिहास अपने भीतर
यह इतिहास से होकर गुजरने की
इतिहास गढ़ने की
और भी ज्यादा भयावह स्थिति है।

ईश्वर है

ईश्वर
ऊष्मा है उनके लिए
जिन्हें जाड़ों में सूत तक मयस्सर नहीं

ईश्वर
थाली में परोसी हुई
तृप्ति है
दाल-भात और पानी से भरा गिलास उनका
जिन्होंने भूख को पढ़ा है
महाकाव्य की तरह

ईश्वर
बस एक संभावना है
दिन में, रात में
हर्ष और विषाद में
कुछ भी अप्रत्याशित घटित होने का
सहज आलंबन

ईश्वर है
सही है यह
फिर इतना जटिल क्यों?

रात ही नहीं होती रात भर

मैं देखता हूँ पूरा का पूरा दिन बीत जाता है
और कहीं से कोई हलचल नहीं होती

क्या तुम्हें ऐसा नहीं लगता
जब पूरे दिन के साथ
हम बीत रहे होते हैं
तो कहीं कुछ भरता है
किसी कोने में कोई मरता है
कहीं से आती है आवाज
किसी के रोने की अटूट
कहीं हँसता रहता कोई
बेवजह लगातार

कहीं सपने पलते हैं रात भर
कहीं रात ही नहीं होती रात भर
उसे पहुँचना है कहीं, इसे ठहरना है यहीं
कइयों को लगी है भूख, देर से
बहुतों को है ही नहीं भूख, युगों से

कुछ मिलेगा, कुछ जाएगा
कोई खोएगा तो कोई पाएगा
पता नहीं दिन इतनी पेचीदगी से क्यों बीतता है

फिर भी मुझे लगता है
एक खालीपन
सबके भीतर रीतता है
और कहीं से कोई हलचल नहीं होती।

कहने और सुनने के बीच

कहने और सुनने के बीच
एक बारीक फासला है
और उससे भी बारीक
एक नंगी भाषा है
भाषा के पास अपना शरीर है
और विभिन्न संप्रदायों से जुड़ी कई जोड़ी आँखें

कहना आसान है सुनना मुश्किल
सुनना कहीं भी कभी भी
आसान नहीं होता
कहना जब मुश्किल होगा उस समय
सुनना आसान हो जाएगा
ऐसे में भाषा पहन लेगी
किसी खेमे की उतरन
कोई संदर्भ
थोड़ा-सा विचार

कहने-सुनने के बीच में
जो जगह खाली बचेगी
यहीं वह विश्व बाजार है
जहाँ अपने-अपने संप्रदायों से नजरें चुरातीं
कई जोड़ी आँखें
व्यापार करती हैं।

हमारा समाज

समय-असमय
बनते रहे हम समाज के लिए
कभी गाय
कभी कुत्ते
कभी बिल्लियाँ

बावजूद इसके समाज ने हमें
समय-असमय
पहनाया ठेंगुर
फेंकी हड्डी
अकसर बाँधीं घंटियाँ।

अन्वेषण

राम बिना मोरी सूनी अजोधिया
लछिमन बिनु चउपरिया हो राम
सीता बिना मोरी सूनी रसोइया
कइसे क जियरा मैं बोधौं हो राम।
—पारंपरिक अवधी लोकगीत

अयोध्या : एक

त्रेता अब युग नहीं
किस्से-कहानियों का अंग बन चुका
तिथियाँ बदली हुईं
साथ ही परिस्थितियाँ भी

अयोध्या का राजसिंहासन सूना है
कहीं कोई भरत नहीं दिखता
जिसे संकल्पित पादुका की दरकार हो
राम बेहद व्यथित
आज वैसी नहीं रही अयोध्या
मर्यादा की लक्ष्मण रेखा
भक्तों ने ही कर दी पार
सायास
साधिकार

राम को मर्यादित जीवन स्वीकार है
विवादित नहीं
कुछ भी तो नहीं दिया अयोध्या ने
राम को
न सुख न शांति
न सफल गार्हस्थ्य
न ही सहर्ष छत्र-चँवर
राजदंड!

इस युगसंधि पर,
अयोध्या योद्धाओं की भूमि बनी
एक सच्चे भक्त के आस्था वाले राम
चुपचाप
बेहद शांत
अपनी मर्यादा को बचाते हुए
जलसमाधि के लिए
प्रवेश करते हैं
गुप्तार घाट के निर्मल जल में।

अयोध्या : दो

अयोध्या में एक और अयोध्या है
ऊँघती हुई घंटियाँ हैं यहाँ
अधजगे शंख हैं
टिकुली, सिंदूर की दुकानें हैं
कलावा, बतासे, रामदाने हैं अयोध्या में

यहाँ रामदीन भी है राम का पुजारी
और उसकी महतारी रामपियारी जो
कनक भवन की सीढ़ियों पर बैठकर भीख माँगती है
रामपियारी को नौटंकी रामलीला बहुत सुहाती है
मगर मजबूर है बेचारी अयोध्या में
पूरे बारह मास जहाँ-तहाँ डोलने पर भी
रामलीला देखने की उसकी अभीप्सा
अभीप्सा ही रह जाती है अयोध्या में

यहाँ हर घर में एक मंदिर है
या ऐसा समझें हर मंदिर एक घर है
राम की मूर्तियाँ हैं चारों तरफ
इसी तरह सीता हैं
चारों तरफ हनुमान भी हैं
यहाँ रामनामी है, जपमाली है
कीर्तन है, भंडारा है

पंडों की पौ बारह है
अयोध्या के किनारे-किनारे सरयू बहती है
और भी बहुत कुछ बहता है
अयोध्या के किनारे-किनारे

अयोध्या में सूरज उगता है दो तरह का
एक सूरज रोज वाला सूरज है
दूसरे वाले सूरज का
रामपियारी और उसकी पतोहू रामदुलारी
अक्षत, चंदन, फूल, जल से अर्ध्य उतारती हैं

यहाँ जब गली आगे मुड़ती है तो वहाँ
एक नई गली नहीं खुलती
अयोध्या में गाइड, शाम होते ही
मंदिरों में घंटा-घड़ियाल बजाने वालों का
धर लेते हैं रूप
अशिक्षित हैं यहाँ आने वालों को इसी कारण
अयोध्या की जानकारी देने में
कर देते हैं गड़बड़ियाँ
वैसे भी
अयोध्या का गड़बड़ी के साथ पुराना रिश्ता है।

अयोध्या : तीन

साध्वियाँ कर रहीं कीर्तन-भजन
अयोध्या के मंदिरों में

साध्वियाँ हर जगह एक-सी
एक से स्वर उनके

साध्वियाँ अयोध्या की हों
काशी की हों
मथुरा की साध्वियाँ
और वृंदावन की
सभी के एक जैसे कातर स्वर
अपने-अपने भगवान को जगा रहे
गीतों से निकलकर जो
सो रहा है भावों में

गाती हुई झूमती है एक साध्वी
अपने-अपने स्थानों पर
बहुतेरी साध्वियाँ झूमती हैं

साध्वियाँ ही साध्वियाँ
झूमती हुई साध्वियाँ
स्वर ही स्वर

दुःख ही दुःख
चौतरफा पसरता दुःख
अयोध्या ही अयोध्या
काशी ही काशी
मथुरा ही मथुरा
वृंदावन ही वृंदावन
आपस में सब गड्डमड्ड
झूमता हुआ एक तीर्थ

दुःख के अंतस पर झूमती हुई अयोध्या
तीर्थों में कीर्तन-भजन करता दुःख
सुखी यहाँ सिर्फ देवता है
जो सोने चला गया है।

अयोध्या : चार

आज भी
अंतर्ध्वनियाँ मर्यादा की
कँपाती हैं
सरयू के पवित्र जल को,
तिरती है आस्था
वैदिक मंत्रों-सी;
पूजती हैं सुहागिनें
मत्तगजेन्द्र का स्थान,
कलश स्वस्तिमान
धरकर दीया
बाँस के डलिये में
चढ़ाती हैं-
फूल, फल-सिंदूर,
घी और कौड़ियाँ
माँगती हैं मन्नतें
शाश्वत रहे यह प्रकृति-पुरुष
रहे अक्षुण्ण गार्हपत्य-अग्नि,
आदर्श हों राम,
अधिष्ठात्री हों सीता,
आने न पाए कोई कलुष
युग-युगों तक
अयोध्या-कथा में।

नेपथ्य में

इस शहर का एक सपना है

साधारण से कुछ अधिक
असाधारण से काफी कम

सफेद गुंबदों और शिखर कलशों पर
कबूतर और नीलकंठ साथ-साथ दिख जाते हैं
दोनों ज्यादातर संवाद की दशा में पाए जाते हैं
कभी-कभार वाद-विवाद के बाद भी
गुंबद पर नीलकंठ, कबूतर कलश पर
बे रोक-टोक आते-जाते हैं

पर जब शहर का सपना
आखिरी पहर में
प्रवेश पा रहा था
अचानक,
शहर को हल्की-सी झपकी आ गई
और यह क्या?
सावधानी हटी दुर्घटना घटी.!

सहसा शहर में चुपचाप
एक दुष्ट बुद्धि कौवे ने प्रवेश किया

उसने बड़े सादे ढंग से
गुंबद और शिखर के परिन्दों में फूट डालकर
कबूतर को नीलकंठ से
नीलकंठ को कबूतर से लड़ाकर
गुंबद और शिखर का जनादेश ले लिया
वहाँ अब संवाद के नाम पर
मात्र फुसफुसाहट होती है

गुंबद-कलश से होता हुआ शहर के छज्जों पर
सयाने कौवों का बसेरा है
नीलकंठ और कबूतर
आज की तारीख में नेपथ्य में चले गए हैं
यह शहर आप कह सकते हैं
थोड़ा-थोड़ा जाग चुका है
थोड़ा-थोड़ा जाग रहा है

मगर मैं कहता हूँ कि
यह शहर अभी भी सो रहा है
पूरा का पूरा ऊँघ रहा है
साधारण से जरा हट के
असाधारण के थोड़ा समीप
जहाँ कभी इस शहर का एक सपना था।

अन्वेषण

अपने को बनाना, स्वयं को पाना नहीं होता
अपने को समझना, स्वयं को जानना नहीं होता
अपने को ढोना, स्वयं में जीना नहीं होता
अपने को मनवाना, स्वयं को मानना नहीं होता।

चिड़िया होने का मतलब

चिड़िया होने का मतलब
सिर्फ घोंसला बुनना
अनाज के दाने चुनना नहीं होता
चिड़िया होना
मुलायम होना होता है
चिड़ियों का अपना समाज होता है
जिसमें हर चिड़िया अपने तरीके से
एक विशिष्ट चिड़िया होती है

चिड़िया होने का मतलब
सिर्फ उड़ान भरना
पंखों में आसमान भरना नहीं होता
चिड़िया होना
नाजुक विचार होना होता है
चिड़ियों के अपने आँगन होते हैं
जिसमें हर आँगन विविधता से भरा
एक अलग तरह का संपूर्ण आँगन है

चिड़िया होने का मतलब
सिर्फ अंडे सेना
और पाँखें धुनना नहीं होता
चिड़िया होना
माँ होना होता है।

जाला

असफलताओं ने चुना
शिथिल आशाओं ने बुना
पारदर्शी ताना-बाना
समझौते की बीमार छत पर
समूचा ही लगने लगा जाला।

रिक्तता

घर में एक की मौत के बाद
बिस्तर पर छूटी रह जाती है उसकी जगह
टहनी से पत्ती के टूटने पर
अकेला पड़ जाता है वृंत
हर नया निवाला, परसी हुई थाली को
खाली करता जाता है
शब्द बड़े आदर भाव से पन्नों पर
हाशिये के लिए जगह छोड़ते चलते हैं
ऐसे ही पूरे जीवन में हम
पूर्णता के लिए, कुछ-न-कुछ
खाली छोड़ देते हैं अनायास
बुजुर्ग दे देते हैं अपने अधिकार
पूर्वज परंपराएँ
हर रात चंद्रमा के लिए
सूर्य अपना स्थान छोड़ देता है
सपने त्याग देते हैं हठ यथार्थ के सामने
असह्य दुःख पैदा करता है
एक भयानक शून्य दो तारीखों के बीच

खाली जगहें अनुपस्थित रहती हैं
हमेशा डायरी के पन्नों से
मगर उपस्थित रहता है इन्सान
अकसर उन्हीं खाली जगहों पर।

कील

मैं कील
नुकीला व्यक्तित्व लिए

मुझे मालूम है कि
अपने पैनेपन के कारण
किसी दीवार में
गाड़ दिया जाऊँगा
जरा से सूराख में
नाप दिया जाऊँगा

और फिर लटका दी जाएगी
मेरी खामोश लाश पर
तवारीख की कोई गूँगी तस्वीर।

पीढ़ियाँ

महास्नान से लौटकर
पीपल पर लटकाया गया
पानी से भरा घंट—
घर धोया जा रहा
कपड़े बिस्तर तौलिए चादर
सहमे से खड़े पर्दे
सभी को ले जा रहा धोबी धुलने
आज रात चूल्हा नहीं जलेगा
सिर्फ एक दीप जलेगा सारी रात

एक पीढ़ी इतिहास में तब्दील हुई
दूसरी पीढ़ी इस इतिहास की साक्षी बनी
तीसरी पीढ़ी भविष्य में बनने वाले
किसी बड़े इतिहास की पूर्व-पीठिका है

इस भविष्य के इतिहास में
पहले ही प्रवेश पा चुका है
अगला महास्नान
एक अखंड दीप
नया समाज साक्षी बनकर

ऐसे ही पीढ़ी दर पीढ़ी इतिहास आएगा
बुढ़वा पीपल
हर बार अंजुलि भर जल तिल पाएगा।

मुजरिम

मेरे हाथ मुजरिम हैं

ये सादे-सादे कागजों पर
लिख देते हैं हर रोज
एक कविता

एक आदमी कविता के अंदर
हर रोज
बहुत बुरी मौत मरता है।

चलो खुलकर बातें करें

चलो बातें करें उनकी जो ढकी-छिपी हैं
बातें वे भी जो ढकी होने के बावजूद
खुली रहती हैं
असहज और सहज दोनों ही स्थितियों की बातें
सरल से जटिल
होने की बातें

कुछ अव्यक्त बातें
गुदड़ी में लाल की तरह
कुछ व्यक्त
टपकते कोढ़ की तरह

हमारे अपनों की पराई बातें
पराए सपनों की अपनी बातें

बातें करें पूर्णतः आध्यात्मिक साधना की
कुछ बातें शब्दशः आरोपित वासना की
बातें परिधि से बाहर निकलकर
स्त्री-पुरुष दायरों में मात्र देह बनने की
कुछ अलग-सी चर्चाएँ देहरी पर
संस्कारों के ढेर होने की

स्वतंत्र अभिव्यक्ति
कई तरह के मिथ तोड़ती है
परहितजन्य तृप्ति
पुराण कथा बनती है
इस आनुपातिक संयोजन में हमेशा
ईसा को मिलता है सलीब
और राम को वनवास

बातों-बातों में जो काम आ जाए
वह इतिहास होता है
बिना बात ही जो बच जाए
वह भविष्य सँजोता है

कहीं बातें हैं एक बूँद पानी की
कहीं बातें हैं खालिस जवानी की
एक बात के बाद एक टुकड़ा आकाश है
और उसके साथ धरती पर मुट्ठी भर प्रकाश है
चितकोबरी चिंता और अंजुरी भर शंका
हमारी धरोहर है
जीवन गणित है संबंध भूगोल है।

आर या पार की स्थिति में संवाद कठिन है
कभी-कभी घातक भी
तारीखें गवाह हैं कि हम अशिष्ट लोभी मानवों ने ही
स्त्री को वेदपाठ से च्युत किया
सुकरात को विष दिया
एक समुदाय विशेष को अछूत किया
तथा न्याय और संस्कृति को अनदेखा करके
दक्षिणा में एकलव्य का अँगूठा ही कटवा लिया

हम बातें करते हैं एक मंच पर नितांत अनावृत
यह बात और है कि वह मंच
'हम' से 'मैं' में परिवर्तित हो जाता है

स्वयं के होने का मंच
न तुम न हम
सिर्फ एक गैरमुनासिब शब्द
मैं! मैं!

कूड़ा

अनावश्यक
पिपासा की परिणति
किनारे पड़ा
तिरस्कृत
अनाथ
भोगा हुआ अशेष ढेर
कूड़ा।

आत्ममंथन का दौर

जीवन की विजय, सब पराजय,
चिर-अतीत आशा, सुख, सब भय
सबमें तुम, तुममें सब तन्मय।

–निराला

कविता में कबीर

वह भाषा के पास गया
और भाषा ने तोड़ दीं
सारी मान्यताएँ
सारी वर्जनाएँ

वह शब्द टटोलता रहा
मगर शब्दों ने जब
इबारतें गढ़ीं
तो इबादतें न अजान से होकर गुजरीं
न राम से

उसने प्रेम के भाव गढ़े
तब सनातनी हवाओं
और कौमी आवाज़ों ने
घेर दिया घेरा
भावनाओं के इर्द-गिर्द

उसकी वाणी से निकले चरित्र
सहेजते रहे अपना अस्तित्व
कम से कम जगह में
मौन की भाषा में मौन को

एक बड़ी जगह में प्रासंगिक बनाते हुए
उसने खोल दिया
एक नए अर्थ के साथ
ढाई अक्षर का रहस्य
तोड़ दिया समय का ठहराव
और विचारों से जकड़ा समाज

वह लौट गया
शब्दों में अर्थ भरकर
आने वाले समाज को यह बताता
उतरा था
कोई कबीर
कविता को
प्रेम की चादर ओढ़ाने के लिए।

घूँघट के पट खोल

कबीर,
क्या है इस घूँघट के अंदर?
प्रेम?
समर्पण?
वैराग्य?

क्या है जिसकी प्राप्ति बड़ी है
चेहरे की मर्यादा से
घूँघट का गिरना जितना मायने रखता है
उतना उसका उठना तो नहीं
फिर क्या छुपा है भीतर इसके?
कोई तत्त्व-चिंतन?
अलभ्य देवफल?
या कि क्षणिक तृप्ति कोई?

बताओ कबीर
हो सके तो गाकर सुनाओ कबीर
नहीं तो पड़े रहने दो इसे ऐसे ही
इस कठिन समय में
घूँघट के पट खुलना उतना जरूरी नहीं
जितना घूँघट का प्रासंगिक बने रहना जरूरी।

बारह महीनों के भीतर बारह महीने

कितना अच्छा होता अगर
दिसंबर में भी लँगड़े आम मिलते
जून में स्वेटर पहनने का मौसम होता
कितना अच्छा हो
हमारा जब मन करे
तब रंग दें किसी को कभी भी हम
जेब में पैसे हों न हों
तब भी जलाएँ दो-चार मोमबत्तियाँ
हर घर-आँगन में

कितना अच्छा हो
हसन भाई के घर जब जाऊँ
सिवइयाँ हर बार मिलें
उन्हें मेरे घर हर समय गुझियाँ

इसका मतलब हुआ
दिसंबर में भी जून होता
जून में दिसंबर
मार्च हर समय हो
हर समय अक्टूबर
इसी तरह जनवरी फरवरी

अप्रैल मई में भी आए
जुलाई अगस्त
नवंबर दिसंबर में दिख जाए
पूरे बारह महीनों के भीतर
पूरे बारह महीने हों।

एक अदृश्य समस्या

उसके चेहरे पर लिखा नहीं उसका नाम
उसके कपड़ों से पहचाना नहीं जाता
उसका काम
उसकी बातें किसी को करतीं नहीं हैरान
उससे मिलने-जुलने वाले लोग
तबीयत से बेहद गंभीर और शांत

फिर भी न जाने क्यों?
दुनिया इस बात से बड़ी परेशान
उसका क्या है नाम?
कैसा है काम?
कहाँ किस गली में है मकान?

आत्ममंथन का दौर

कितना अजीब होता है
अपने में से
होकर गुजरना
कितना
सृजनात्मक
अपने 'स्वयं' को समझना

उन अज्ञात अन्वेषी क्षणों में
अनेक पथ बनते हैं
कई सीमाएँ टूटती हैं
बहुतेरी इच्छाएँ
स्वतः ही रंग बदलती हैं
सुख और प्रेम की ऋचाएँ
संवाद करती हैं
ऐसी तमाम सजीव निर्जीव भावनाएँ
आपसी सम्पर्क से
विचारों का जुलूस बनाती हैं
अपने अंदर के
सैद्धांतिक शोर से
उसकी पैरवी करवाती हैं
अनजाने ही

अपने शोध किए हुए अर्थ
अलग-अलग तरीकों से
अलग-अलग व्यक्त होते हैं
भूख भजन और भोग के छंद
आत्ममंथन के लिए विवश करते हैं
अपने को
खोजने का
या स्वयं को
रचने का पल
बड़ा ही जटिल होता है
उस समय
समस्त पुराण शास्त्रार्थ करते हैं
गूँजती हैं नानाविध रागिनियाँ
आस्था श्रद्धावान होती है—
ऐसे में भावों की
परिक्रमा आसान होती है
तब कहीं जाकर
शरीर पंचपात्र की
आत्मा आचमनी से
झरते हैं शब्द
स्वयं में डूबते-उतराते
सार्थक होती है तब
कोई कविता।

भीड़ और शोर

एक आदमी भीड़ है
दो आदमी भीड़ हैं
इस तरह कई आदमी भीड़ हैं
भीड़ का मतलब कुछ आदमी

एक आदमी का शोर
दो आदमियों का शोर
इस तरह कई आदमियों का शोर
शोर का मतलब कुछ आदमी

आदमी भीड़ हैं शोर हैं
इस तरह हम कह सकते हैं
भीड़ न हो शोर न हो
तो कई आदमी
आदमी नहीं
लाश होते हैं

समाचार लिखे जाने तक

कल दिन-दहाड़े
लोकप्रिय और वर्षों पुराने तंत्र
यानी लोकतंत्र की
उसके पैतृक निवास में घुसकर
कुछ असंदिग्ध चरित्र वाले
नेता टाइप के लोगों ने
गला घोंटकर हत्या कर दी

हत्यारे फरार!
सारे प्रयत्न बेकार!
यह लोकतंत्र अपने पीछे
पचास वर्ष का
एक लाचार परंतु स्वतंत्र देश
छोड़ गया है
जिसे विरासत के नाम पर सिर्फ
अहिंसा के धागे से बनी
एक फटी-पुरानी
गुदड़ी हासिल हुई
जैसा कि अनुमान था
इस हत्या से जनता में
रोष बढ़ेगा दहशत फैलेगी

तथा तनाव तारी होगा
मगर बीते चौबीस घंटों में
ऐसी कोई अप्रिय घटना नहीं घटी
आम जनता में इस हत्या पर
कोई विशेष प्रतिक्रिया नहीं दिखी
मौका-ए-वारदात के बाद
अपनी बाँबी में आराम करती चींटियों ने
पत्रकारों को बताया कि
इस दुर्घटना की आहट उन लोगों ने
बहुत पहले ही सुन ली थी
आज राष्ट्रपति एवं प्रधानमंत्री सहित
देश की तमाम गण्यमान हस्तियों ने
इस हत्या पर
गहरा दुःख प्रकट किया
कलमघिस्सुओं ने बहुत दिनों बाद
बड़े जिम्मेदाराना ढंग से कलम चलाई
इन सबके अतिरिक्त
सरकारी कार्यालयों सहित
तमाम आपात बैठकों में
इस हत्या की
संवैधानिक राजनीतिक सामाजिक
और साहित्यिक स्तरों पर
कड़ी निन्दा हुई

समाचार के लिखे जाने तक
न तो हत्या का कोई सुराग
मिल सका है
न ही
हत्यारों की शिनाख़्त हो पाई है।

सत्य को देखना

क्या तुमने देखा वहाँ विस्फोट
एक चिंगारी की शक्ल में?
या आग के रूप में?

या शायद तुमने वहाँ पर सत्य को
धुएँ के रूप में देखा हो!
बता सकते हो वह धुएँ का
बेतरतीब गोला
किस रंग का है?
मगर यह भी हो सकता है
तुम्हें वहाँ धुएँ की जगह
राख ही दिखाई पड़ी हो
सिर्फ राख!

यहाँ एक बात और हो सकती है कि
वहाँ सब कुछ साफ दिखने के बावजूद
दिखने लायक कुछ न दिखा हो
फिर भी
मेरे भीतर की बेचैनी कहती है
अगर तुम
खाकर पचाए हुए

गोश्त की गर्मी
और समझौते से दबाए हुए
सिद्धांतों की नरमी
के बीच
एक संतुलित और ठंडा अंतर
कर सकते हो
तो वहाँ यहाँ सब जगह
कई रूपों में घटित हो रहे
सत्य (विस्फोट) को
चिंगारी की शक्ल में
आग होते बाद में
धुआँ बनते राख होते
आखिरकार दम तोड़ते
देख सकते हो
बखूबी देख सकते हो।

पुजारी

दो संभावनाएँ
एक आस्तिक
एक नास्तिक

दो संस्कार
पहला पैशाचिक
दूसरा पूर्ण सात्त्विक

दो कर्तव्य
आधा शुद्ध पूजन
आधा अधूरा भजन
अंत में एक पूरा पाप-पुण्य आकलन

निश्चित ही ये सारी वर्जनाएँ
किसी पुजारी के संदर्भ में हैं।

लोकतंत्र का प्रेत

मेरे दाँतों और आँतों में
कहीं कोई संगति नहीं है
और जब कभी, मेरा परंपरावादी पेट
धर्मसंकट में डालता है—
मेरी क्रांतिकारी जीभ को,
तब मेरे दाँत जबरन जीभ पर अपना शिकंजा कसते हैं
और तृप्त आँतें
दिमाग को पलायनवादी बना देती हैं

इस पलायन का एक दूसरा पहलू भी है
जीभ और दिमाग की संगति बैठाने में
यही शब्द (पलायन) बागी कहलाता है
मगर यहाँ भी एक मुश्किल है
पलायन करना चाहे बागी होना
दोनों ही दयनीय पेट को और भी
दयनीय बना देते हैं
और यदि पेट को हम इस कविता का केंद्रबिंदु मान लें
तो दाँतों-आँतों-दिमाग एवं जीभ को मिलाकर
एक ऐसा लोकतंत्र बनता है
जिसकी कोई मुकम्मल शक्ल नहीं बनती

बस एक बड़ा-सा उदर ही आता है अस्तित्व में
जो बेतहाशा प्यासा है
और अपनी मुक्ति की चाह में
घर-घर, शहर-शहर,
गाँव-गाँव, डाँव-डाँव
डोलता है प्रेत की तरह।

अनबँधे अक्षर

तुम्हें इस बात से परहेज नहीं कि
बाँध दूँ तुमको शब्दों में
शब्दों को पिरो दूँ
एक असहज कविता में
कविता जगह पा जाएगी
किसी कविता के संकलन में
संग्रह पहुँच जाएगा दुकानों पर
दुकान को दरकार होगी
कुछ ग्राहकों की
जो पाठक होने का धर्म पूरा करें
ग्राहक...
पाठक...
या एक आम इंसान
जरूर चाहेगा कि कविता सिर्फ
उसकी पकड़ में बनी रहे
पकड़ क्यों न चाहेगी स्वतंत्रता?
शब्द-समूह से बिखरकर
स्वतंत्र शब्द
पहुँच जाएगा वहाँ
जहाँ से बँधने को चला था
नितांत एकांतवासी शब्द;
शब्द नहीं—तुम
तुम यानी अबंध-अवयव
न बँध सकने वाले अक्षर।

सपने

जैसे बच्चा लूट लाता है कटी पतंग
चिड़िया ढूँढ लाती है
अनाज का दाना

जैसे बौर में आ जाते हैं टिकोरे
बछड़ा लौट आता है
अपने खूँटे के पास

वैसे ही लौट आते
इस मुश्किल वक्त में
सभी की आँखों के सपने।

इस यात्रा में

इस यात्रा में
मैं भी तुम भी
दिन भी रात भी
नदी भी पहाड़ भी
समय भी समाज भी
मकान भी दुकान भी
जरूरत के सामान भी।

इस यात्रा में
पत्र भी याद भी
सुख भी विषाद भी
यात्री भी साथी भी
गैरजरूरी बाराती भी
गुजरे पल की छाप भी
आने वाले कल का इंतजार भी।

इस यात्रा में
आशा भी निराशा भी
संकट में दिलासा भी
पूजा भी प्रसाद भी
पेट की चिरंतन आग भी
नोट भी वोट भी
जनता को होश भी।

बाजार और बगुले

बगुले ध्यानमग्न खड़े हैं
विश्व बाजार के लुभावने ताल में
अपनी मनमुताबिक मछली के इंतजार में
इस रंग-बिरंगे ताल में
कुछ खरीदकर
थोड़ा बेचकर
रेहन पर ईमान धरकर
सट्टे में घुसकर
हर तरह से मिल सकती है
जीवन जीने की कला
बगुलों का हो भला।

बगुलों को उड़ना आता है
बगुलों को मुड़ना आता है
बगुलों को अपनी जाति से जुड़ना आता है

इस खुले धंधे में हर बगुला
अपनी तरह का एक अनोखा बगुला है
उसका अपना खास मुकाम है
बगुलों के पास इस बात का भी
इंतजाम है कि ध्वस्त कर डालें वे
मलबे और पत्थर से भरी जमीन को

ताल में उकताए बैठे मेढक सोच रहे हैं
जिनका आज तक काम था
दूध का दूध
पानी का पानी करना
कर रहे हैं इस बाजार में
दूध का पानी
और पानी का दूध।

अमूर्तन एक कविता का

All the world's stage
And all the men and women merely players:
They have their exits and their entrances;
and one man in his time plays many parts.

—As You Like It, Act II, Scene VII

—Shakespeare

अमूर्तन एक कविता का

जैसे तनकर खड़ा हो जाता हूँ मैं
पापा के सामने
मुझे याद नहीं पड़ता
ठीक वैसे कभी हुए हों खड़ें
पापा बाबा के सामने
बाबा और पापा की पीढ़ी में जितना अंतर है
उतना ही अंतर पापा और मुझमें
जिन बातों के लिए पापा को
बाबा की सुननी पड़ती थी
उन्हीं बातों पर
पापा से कुछ सुनने पर
कतराता हूँ मैं

डाँटते हुए पिता में
मेरे बाबा की छवि उतर आती है
और चुपचाप सुनते हुए मुझमें
कब पापा समा जाते हैं
पता ही नहीं चलता
बाबा को देखकर लगता था
जब वे रहे होंगे बेटे
तो कभी पापा मेरी तरह कभी
जरूर सोचते होंगे
पापा एक ही वक्त में

बेटे हैं और पिता भी
इसलिए उनके बारे में
कुछ ठीक से नहीं कह सकता

मेरी स्थिति सर्वथा भिन्न है इनमें
मैं सिर्फ बेटा हूँ
पिता या बाबा नहीं
यह ठीक ही है
बेटा होना जितना आसान कुछ भी नहीं होता।

दादी : एक

जब से होश सँभाला
दिखीं दादी सूती धोतियों में
न जाने कितनी बार
उन धोतियों का मुलायम आँचल
सहलाता रहा मेरा बचपन
नाक बहती तो
आँचल सामने
आँसू गिरते तो थामता आँचल
मेरे विकास में अन्य चीजों के साथ
दादी के मजबूत आँचल का
बड़ा महत्त्व है

वे धोतियाँ करीने से रखी हैं अलमारी में
उदास क्षणों में धोतियों में समाई अपनी दादी को
हल्के से छूता हूँ और वह प्यारा
आँचल ढूँढ़ता हूँ।
दीवार पर टँगी दादी की फोटो में
लहराता है उनका पसंदीदा
नीली धारियों वाला आँचल
उस स्पर्श को हमेशा के लिए
करना चाहता हूँ कैद
जीना चाहता हूँ
चिड़ियों की धारियों से भरा-पूरा नीला आसमान।

दादी : दो

दादी का कमरा
जो कमरा है मेरा भी!
रखा है मेज पर कभी न थकने वाला
उनका चश्मा
खाँसी-जुकाम के नुस्खे वाली
एक बहुत पुरानी कॉपी
उनका भला-भला-सा नाजुक सितार
आले में भगवान पूजा का सामान
एक संदूकची में घर भर की
नजरें उतारने के लिए
दुनिया-जहान के गंडे-तावीज
बिस्तर पर महकती वह जयपुरिया दुलाई
उनकी हल्की-सी तृषा के वास्ते
छोटा-सा चाँदी का गिलास

इस कमरे की दहलीज के बाहर
दुनिया शुरू होती है
दहलीज के अंदर
दुनिया और दुनियादारी छोड़कर
सभी कुछ है।

दादी : तीन

किसी को घर में छींक आ जाती
तो मना करतीं दादी घर से बाहर जाने के लिए
अपशकुन होता है कहकर
पानी से भरा काँच का गिलास
अचानक हाथ से छूटकर टूट जाता
रोकतीं तब कि आज घर से बाहर
कोई पाँव नहीं देगा
बिल्ली का रास्ता काटना भी
एक संत्रास ही था हम सभी के लिए
इसी तरह दादी को चिढ़ थी
कोई टोके नजर लगाए
मगर कुछ नहीं हुआ
कुछ भी नहीं हुआ
दादी बड़ी भोली थीं

जब वे इस दुनिया से गईं
तब किसी ने नहीं छींका
कहीं कोई गिलास नहीं टूटा
बिल्ली सोई पड़ी थी कोने में दुबककर
टोकने वाले गायब थे
नजर लगाने वालों की
नजरे इनायत हैं तभी से।

मेरा कमरा

मेरे कमरे की अधिकतर चीजें
ज्यों की त्यों बिखरी रहती हैं
मेरे होने के एहसास को
दृढ़ता प्रदान करती हुई

कंघी अपने सारे दाँतों के साथ
ऑफ्टर शेव की शीशी में
भरा हुआ कोई मादक द्रव
पाँच फुट के शीशे का अपना अस्तित्व है
मेज पर खाली पन्नों के बगल
एक बहुत बातूनी डायरी पड़ी हुई
अपनी ड्यूटी पर हमेशा से मुस्तैद
वह पुरानी दीवार घड़ी
कपड़ों की अलमारी को लेकर
दुविधा में रहता हूँ हमेशा
मौसम और फैशन के हिसाब से
बदलता रहता है इसका मिजाज
इसी तरह पूरे कमरे को
एक तटस्थ पलंग एक कुर्सी
चंद किताबों और एक खरखर कलम
ने घेर रखा है

इन जरूरतों-गैरजरूरतों के बीच से
निकलकर ही
मेरी छोटी-सी जिंदगी बनती है
इसलिए मुझे लगता है
चीज़ों के साथ-साथ रहते हुए
हम अपने कमरों को जीने लगते हैं
जैसे कमरा कमरा न हो
जिंदगी की मुकम्मल तस्वीर का
एक दिलचस्प निगेटिव हो।

ज़िन्दगी को जीते हुए

दादी नहीं जानतीं दुनियादारी
खोल देती हैं सारे किवाड़ मन के
किसी के भी सामने
कभी भी कितनी ही बार।

अम्मा नहीं पहचानतीं जीवन का विद्रूप
और आदमी
इसीलिए
जलाती हैं रोज
देहरी, आँगन
और पूजाघर में घी का दिया

बहन नहीं समझती
रिश्तों के झंझट
फिर भी जोड़ती रहती है
बड़े जतन से—सारे टूटे धागे
सजाती रहती है—खिलौने
बनाती रहती है—घरौंदे

पत्नी नहीं करती
कोई आशा

कोई जिज्ञासा
बावजूद इसके मैं जानता हूँ
दादी की बेबसी
माँ की चिंता
बहन का प्रेम
और पत्नी का दर्द

फिर भी इन सभी को
कभी नहीं देख सका
खुद की ज़िन्दगी जीते हुए।

सिद्धार्थ से प्रश्न

किससे भागते हो सिद्धार्थ?
वैभव से,
दाम्पत्य के प्रवाह से,
या काया की मृत्यु,
अपमृत्यु एवं महामृत्यु से।

किसकी शरण जाते हो सिद्धार्थ?
दुःख के प्रस्थान बिंदु पर,
प्रज्ञा की वैश्वानरी यज्ञशाला में,
या किसी नई सभ्यता के द्वार।

क्या पाते हो सिद्धार्थ?
असीम शांति,
निष्कंप बोधि,
या ज्योतिर्मय सत्य।

गनीमत है...

तंगी के बावजूद सोचा हर बार खरीदूँ
दादी की लंबी उम्र के लिए दवाइयाँ

इस मुश्किल वक्त में उम्मीद
पापा के लिए

माँ के लिए सपने

भाई के लिए हर बार
एक अवसर

ब्याहता बहन के लिए सुरक्षित भविष्य

गनीमत है...
सबके लिए मेरे पास सपने हैं
इसलिए ये शब्द जिन्हें मैं लिख रहा हूँ
अपने हैं।

गिरिजी देवी : चार कविताएँ

(1)

उनके लौंग की दीप्ति
हल्की पड़ने लगती है
प्रस्फुटित होता है जब
कंठ उदयाचल पर स्वर-सूर्य
स्वर रश्मि फैलते ही
समयातीत हो जाता है समय
शब्दातीत हो जाते हैं शब्द

चतुर्दिक
तिरने लगता है नाद सत्य
घिरने लगता है शब्द सत्य
सुमिरने लगता है
आत्मा का भाव सत्य

सुरों पर उम्र की मूर्च्छना
और तजुर्बों की गमक
उभर आती है
साथ ही उतर आते हैं
राग-रागिनियों के रथ पर सवार
भैरव,
ओंकार;

पीलू पर बसंत आता है
मालकौंस के उपवन में
कृष्ण महारास रचते हैं
भैरवी के साक्षी-भाव के साथ
कंठसाधिका
अपनी साधना का सुरतर्पण करती हैं।

(2)

कहाँ से आते हैं ये स्वर
कहाँ तक जाते हैं ये स्वर
कब फैलता है उजास
कैसे फूटता है उल्लास
धूप में धान कैसे खिलते हैं
चिड़ियों में चिन्मय नाद कौन भरता है
देवताओं से संवाद कैसे होता है
सम पर स्वर क्यों जाता है
प्रार्थना के शब्द कहाँ मिलते हैं
संसार का रहस्य क्यों नहीं खुलता है?

(3)

वे कुशल शिल्पी हैं
अपने स्वर-छेनी से
देवत्व गढ़तीं।

वे सुरदात्री हैं
क्योंकि उनके पास
कंठ और करुणा का बीजक है
जिससे आमोद के खजाने का
तिलिस्म तोड़ती हैं

वे अक्षत-दूर्वा हैं
मांगलिक अनुष्ठानों में
स्वाति-वाचन के लिए
प्रयुक्त होने वाली।

(4)

हम उनके घर में बैठे है
स्वर-लहरियों के आरोह-अवरोह के साथ
घर का आँगन
कृष्णमय हो जाता है
कमरे में बिछा गावतकिया
मधुबन बन जाता है
सुर वर्षा में भीगती जाती हैं वे
साथ-साथ भीगते हैं हम सभी
शब्दों के भीगने के साथ वातावरण में
सावन घिर आता है
बृजबाम सोच में पड़ी हैं कि अभी तक
घनश्याम नहीं आए
मनुहार का मौसम आ गया है
बनवारी झूले की पेंग
धीरे-धीरे बढ़ा रहे हैं

काशी में बैठे-बैठे हम सभी
घूम आए हैं वृंदावन की कुञ्ज गलियाँ
मंत्रकीलित-सा वातावरण
अपने विलम्बित लय में
धीरे-धीरे
जीवन-रहस्य के पट
खोल रहा है।

शरद पूर्णिमा का चाँद

(दादी की मृत्यु पर)

शरद पूर्णिमा के चाँद में
स्निग्धता नहीं
शीतलता नहीं
अद्वितीयता नहीं

मैं कैसे भूल सकता हूँ जब
मेरी दादी की कंचन काया
विराट प्रकृति में
समरस हो रही थी
उस क्षण
शरद पूर्णिमा का चाँद
अपनी अद्वितीयता पर मुग्ध था
स्निग्धता से अभिभूत था
और
शीतलता से कँपा रहा था संसार

अगर हम इस पृथ्वी का होना मानें
ऋतुओं का होना मानें
पूर्णिमा का होना मानें

तो मैं यह भी मानता हूँ कि
प्रकृति की स्निग्धता में
बूँद-बूँद शीतलता में
सारे नक्षत्रों की अद्वितीयता में
मेरी दादी मौजूद हैं
शीतल होना
स्निग्ध होना
अद्वितीय होना
शरद पूर्णिमा का चाँद होना नहीं
दादी होना होता है।